사회는 쉽다!

★초등학교 교과서와 함께 봐요!

사회 3-1 2. 우리가 알아보는 고장 이야기
사회 5-1 1. 옛사람들의 삶과 문화

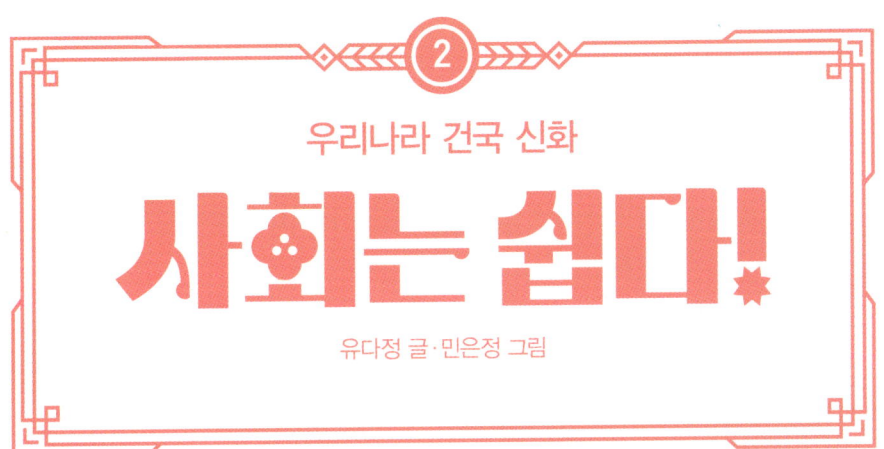

우리나라 건국 신화

사회는 쉽다!

유다정 글·민은정 그림

비룡소

차례

1 하늘이 솟고 땅이 열린 날 미륵 신화

하늘과 땅을 떼어 낸 미륵님 · 8   맨 처음 세상은 어떻게 만들어졌을까? · 14
내가 벌레에서 태어났다고? 말도 안 돼! · 16   둘은 너무 많아. 오직 하나만! · 18
더 알아보기 사람이 세상에 태어난 이야기 · 20
세상을 만드는 방법도 가지가지! · 22
더 알아보기 우리 땅에 살았던 거인들 · 26
알쏭달쏭 낱말 사전 · 28 도전! 퀴즈 왕 · 30

2 우리 민족의 첫 나라를 세우다 단군 신화

첫 나라 고조선을 세운 단군왕검 · 32   환웅은 왜 나무를 타고 왔을까? · 36
더 알아보기 신기하고 요상한 나무들 · 38
나무에 소원을 빌어 봐! · 40   환웅은 왜 바람과 비와 구름의 신을 데려왔을까? · 42
더 알아보기 비는 중요해! · 44   잠자는 용 깨우는 방법 · 46
곰은 정말 사람이 되었을까? · 48   단군은 진짜 1908세까지 살았을까? · 49
알쏭달쏭 낱말 사전 · 50 도전! 퀴즈 왕 · 52

3 하늘 신의 아들이 세운 나라 주몽 신화

힘찬 고구려를 세운 주몽 · 54 물고기와 자라는 왜 다리를 놓아 주었을까? · 61
더 알아보기 하백과 해모수의 대결 · 62
주몽이 고구려를 세운 곳은 어디일까? · 64
고구려 유물에 자주 보이는 삼족오는 무엇일까? · 68
고구려 사람들은 왜 벽화를 그렸을까? · 70
백제도 고구려 사람이 세웠다고? · 72
더 알아보기 동서남북을 지키는 사신 · 74
알쏭달쏭 낱말 사전 · 76 도전! 퀴즈 왕 · 78

4 세상을 밝히는 빛이 태어나다 박혁거세 신화

신라를 세운 박혁거세 · 80 흰말은 알 장수? · 84
더 알아보기 하늘을 나는 말들 · 86
닭이야? 용이야? 계룡의 정체를 밝혀라! · 88 혁거세의 몸이 다섯 조각 나다! · 90
더 알아보기 백성을 걱정한 신라 왕 · 92
알쏭달쏭 낱말 사전 · 94 도전! 퀴즈 왕 · 96

5 하늘에서 여섯 왕이 내려오다 김수로 신화

철의 왕국 가야를 세운 김수로 · 98 왜 하필 거북 노래를 불렀을까? · 103
허황옥은 진짜 인도 공주일까? · 106 알이 여섯 개, 뭐가 이리 많아? · 108
민족의 뿌리를 찾아가는 비밀 통로, 신화 · 110
알쏭달쏭 낱말 사전 · 114 도전! 퀴즈 왕 · 115

①
하늘이 솟고
땅이 열린 날

미륵 신화

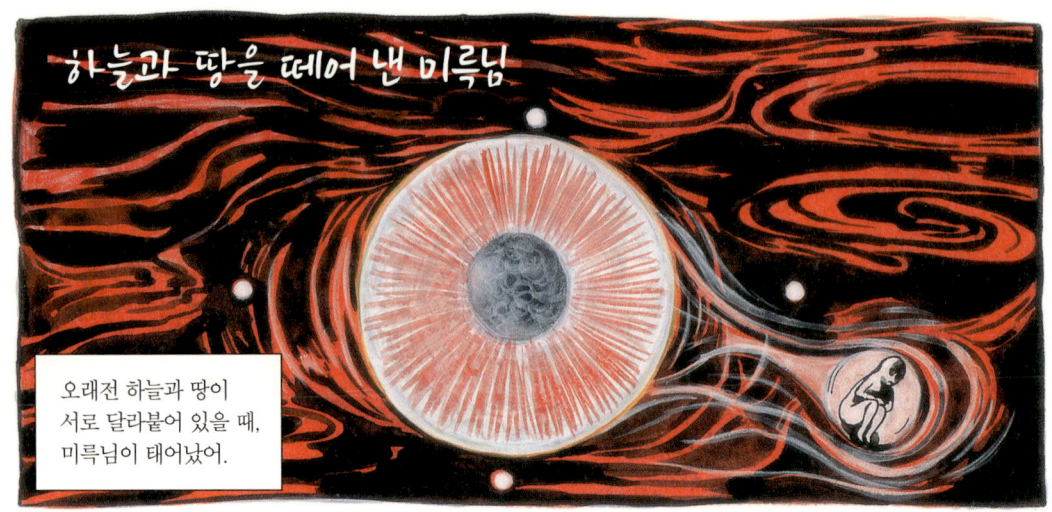

하늘과 땅을 떼어 낸 미륵님

오래전 하늘과 땅이 서로 달라붙어 있을 때, 미륵님이 태어났어.

하늘과 땅이 붙어 있네. 이걸 어쩌나? 떼어 놓자.

미륵님은 땅과 하늘을 떼어 놓고 네 귀퉁이에 튼튼한 구리 기둥을 세웠어.

땅에서 풀이 돋고 나무도 자라났어.
그런데 하늘을 보니 해도 두 개, 달도 두 개지 뭐야.

맨 처음 세상은 어떻게 만들어졌을까?

세상은 무지무지 넓고, 그 안에는 수많은 생명이 복닥복닥 아옹다옹 시끌시끌 살고 있어.

이런 세상은 어느 날 저절로 생겼을까? 아니면 신들이 커다란 망치로 뚝딱뚝딱 만든 걸까? 도깨비 방망이를 들고 주문을 외웠나?

미륵님 이야기처럼 세상이 어떻게 생겨났는지에 대한 이야기를 **창세 신화**라고 해. 창세 신화가 왜 생겨났느냐고? 호기심 덕분이야. 사람들은 "세상은 도대체 어떻게 생겨났을까?" 하는 호기심을 바탕으로 이야기를 만들어 냈어. 옛날 사람들의 상상력이 정말 놀랍지?

창세 신화는 세계 여러 나라에서 전해지는데, 비슷한 것 같으면서도 조금씩 달라. 나라마다 지형과 기후가 다르고, 사람들이 사는 모습과 방법이 다르고, 생각도 다르기 때문이지.

우리나라의 창세 신화 중 하나인 미륵 신화에서 미륵님은 사람을 만들려고 한 손에는 은쟁반을, 다른 한 손에는 금쟁반을 들고 하늘에 빌었어. 그러자 하늘에서 금벌레와 은벌레가 떨어졌고, 그 벌레가 자라서 사람이 되었지. 그러니까 미륵 신화에 따르면 지금 세상에 살고 있는 사람들은 금벌레와 은벌레의 후손인 셈이야. 이게 대체 무슨 뜻일까?

내가 벌레에서 태어났다고? 말도 안 돼!

아유, 그렇게 소리칠 필요 없어. 하늘의 기운을 받아 작은 벌레가 사람이 되었다는 건, 요즘 식으로 말하면 진화를 거쳤다는 뜻이니까.

진화가 뭐냐고? 생명체가 태어나서 죽고 또 태어나는 과정을 수없이 겪으면서 새로운 생명체로 변해 가는 것을 진화라고 해.

그러니까 미륵 신화는 꼬물꼬물 작은 생명체인 벌레가 진화의 과정을 거쳐 사람이 되었다는 이야기지.

과학자들은 바다에서 지구 최초의 생명체가 생겨난 이래, 오랜 시간 진화를 거치면서 여러 가지 생물이 나타났다고 말해. 그 중에는 물론 사람도 있어.

어때? 신화와 똑같지?

신화에는 이렇게 과학의 원리도 숨어 있어! 그뿐인 줄 아니?

신화 속에는 역사, 미술, 종교, 옛날 사람들의 생각 등 아주 많은 것들이 숨어 있단다. 신화가 얼마나 중요한 건지 알겠지?

둘은 너무 많아. 오직 하나만!

그런데 미륵님은 왜 해와 달을 하나씩 없앴을까?

사람을 사랑하는 마음이 하늘과 땅만큼 컸기 때문이야.

해의 온도가 얼마나 높은지 아니? 자그마치 6천 도나 된대.

그러니 해가 둘이면 지구가 뜨거워져서 식물도 시들시들 말라 죽을 거야.

식물이 다 죽으면 사람은 뭘 먹고 살아? 결국 사람도 굶어 죽을 수밖에 없지. 그래서 미륵님이 해 하나를 뚝 딴 거야. 덕분에 지구는 식물도 잘 자라고, 사람이 살기에도 알맞은 별이 되었지. 참으로 고마운 미륵님이야.

그럼 달은 왜 땄을까? 옛날 사람들은 달이 무척 차갑다고 생각했어. 그러니 달이 두 개 있어 봐, 밤마다 추워서 달달 떨다가 꽁꽁 얼어 죽고 말걸. 미륵님 덕분에 밤에도 추위에 떨지 않고 잘 살 수 있는 거지.

> 더 알아보기

사람이 세상에 태어난 이야기

세상에는 미륵 신화 외에도 사람이 어떻게 생겨났는지에 대한 이야기가 참 많아. 어떤 것들이 있는지 알아볼까?

신이 찰딱찰딱 찰진 흙을 조물조물 빚어
사람을 만들었다고 믿는 사람들도 있었어.
먼 옛날 메소포타미아 지방에 살던 사람들이 그랬지.

시커멓고 둥그런 것이 땅 위로 쑥쑥 쑤욱쑥.
땅에서 사람이 생겨났다는 이야기도 있어.
옛날 사람들은 곡식을 키워 내는 땅을 무척 소중히 여겼거든.

맨들맨들 커다란 알이 빠직 빠직 빠지직!
알에서 새로운 생명이 태어나는 거 알지?
옛날 사람들은 사람도 맨 처음에 알에서 태어났다고 생각했어.

세상을 만드는 방법도 가지가지!

　창세 신화가 없는 나라는 거의 없어. 창세 신화는 튼튼한 나무의 뿌리와 같거든. 나무가 뿌리를 통해 물을 빨아들여 싹을 틔우고 자라나는 것처럼, 한 나라의 역사와 민족정신은 창세 신화를 바탕으로 싹이 트고 자라나. 그러니까 창세 신화를 아는 것은 나의 뿌리를 찾아가는 신비한 길인 셈이야!

　중국의 창세 신화에는 거인 반고가 모든 것이 뒤죽박죽인 알 속에서 1만 8천 년을 자다가 깨어나. 세상에 이런 잠꾸러기 신이 또 있을까!

　잠깐, 너도 늦잠 자고 싶을 때 외칠 거라고? "엄마, 세상을 만든 거인 반고도 완전 잠꾸러기였어요. 잠을 많이 자야 위대한 일을 할 수 있는 거라고요." 에구구. 그러다 엄마한테 혼나도 난 모른다!

　반고가 깨어날 때 알 속에 갇혀 있던 기운들도 힘차게 요동치며 나와 둘로 나뉘었어. 그중 맑고 가벼운 기운은 위로 올라가 하늘이 되고, 무겁고 탁한 기운은 아래로 내려가 땅이 되었지.

"하늘과 땅이 다시 붙어 버리면 어떡하지?"

거인 반고는 하늘과 땅이 달라붙지 않도록 손으로 하늘을 들었어. 그러자 하늘은 하루에 3미터씩 위로 쑥쑥 올라가고, 땅은 하루에 3미터씩 아래로 착착 내려갔어. 다행히 반고의 키도 그만큼씩 자랐어. 그렇게 오랜 시간이 지나자 하늘과 땅은 멀리 아주 멀리, 까마득하게 멀어지게 되었어. 놀라운 일이지!

인도의 창세 신화는 더 기상천외해.

빛도 없고, 하늘도 없고, 땅도 없이 모든 것이 뒤섞여 어둠뿐인 때, 팔이 네 개 달린 비슈누 신과 그의 아내 락슈미 신이 머리가 천 개 달린 뱀 아난타 위에 잠들어 있었어.

어느 날 비슈누 신의 배꼽에서 한 송이 연꽃이 피어오르더니 그 속에서 브라흐마 신이 태어났어. 브라흐마 신이 두 눈을 번쩍 뜬 순간, 세상에는 빛이 나타났어. 브라흐마 신 덕분에 어둠이 사라진 거야.

"우주 만물을 창조해야겠어!"

브라흐마 신은 가지고 있던 황금 알을 두 쪽으로 깨뜨려 한쪽으로는 하늘을 만들고, 나머지 한쪽으로는 땅을 만들었어. 또 물과 불과 바람도 만들었지. 브라흐마 신은 세상에 못 만들 게 없었나 봐.

우아, 빛이야. 눈부셔!

이럴 땐 선글라스가 필요해!

각 나라의 창세 신화는 다른 듯 비슷해. 아마 사람들의 삶이 비슷한 과정을 거쳐 발전했기 때문일 거야. 또 사람들의 상상력으로 만들어진 이야기라서 그럴 수도 있어. 사람들은 저마다 독특한 생각을 가지고 있지만 비슷하게 생각하는 것도 많잖아.

그런데 이 세상에 세워진 여러 나라에 대한 신화는 다 다르단다. 어떻게 다른지 이어서 알아보자.

더 알아보기

우리 땅에 살았던 거인들

옛이야기나 신화를 보면 거인이 많이 나와. 우리 땅에는 어떤 거인들이 무얼 하며 살았는지 살짝 들여다볼까?

백두산을 만든 거인, 장길손

옛날에 덩치가 너무 커서 몸에 맞는 옷이 없는 장길손이라는 거인이 있었어. 사정을 안 임금님은 백성들에게 장길손의 옷을 만들어 주라고 했어. 그런데 옷을 받고 신이 난 장길손이 덩실덩실 춤을 추자 옷에 해가 가려서 흉년이 들었어. 결국 장길손은 만주로 쫓겨나고 말았지. 그러다 흙을 집어 먹고 탈이 나서 배 속에 든 것을 모두 토했는데, 그게 백두산이 되었대.

울산 바위를 지고 간 거인, 의덕 장사

어느 날 의덕 장사의 꿈에 한 백발노인이 나타나서 말했어. "금강산 1만 2천 개의 봉우리 중 하나가 모자라니, 네가 채워 놓아라!" 의덕 장사는 노인의 말대로 울산에 있는 바위를 지고 금강산으로 향했어. 그런데 아뿔싸, 강원도를 지나는데 벌써 금강산 봉우리가 다 채워졌다네. 의덕 장사는 기운이 빠져서 그 자리에 바위를 내려놓았어. "에이, 그냥 여기다 놓고 가자." 그래서 강원도에 울산 바위가 있다지 뭐야.

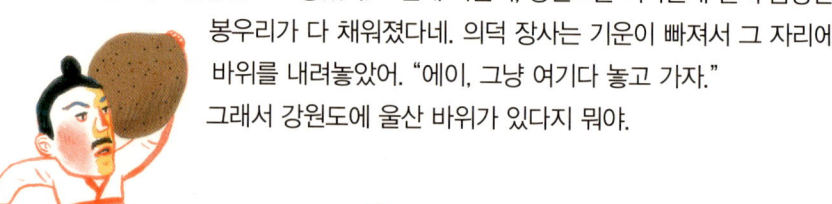

제주도의 산과 강을 만든 설문대할망

옛날에 키가 엄청나게 크고 힘이 센 설문대할망이 살았어. 설문대할망은 바다 가운데에 제주도를 만들기로 마음먹고 치마폭에 흙을 담아 날랐어.
그렇게 설문대할망이 손으로 죽죽 금을 그은 곳에는 깊은 강이 생기고, 흙을 높이 쌓은 곳에는 한라산이 생겼단다. 설문대할망과 비슷한 여자 거인 이야기는 제주가 아닌 다른 지방에서도 찾을 수 있는데, 이때는 '마고할미'라고 불리는 경우가 많아.

흑룡을 이긴 백장군

오래전 백두산 자락에 있는 작은 마을에 심술궂은 흑룡이 나타나 마을로 흐르는 강물을 모두 막아 버렸어. 곡식이 다 타들어 가 마을 사람들은 굶어 죽게 되었지. 그때 힘센 백장군이 흑룡과 싸워 이겼어. 덕분에 마을 사람들은 다시 평화롭게 살 수 있었단다.

★ 알쏭달쏭 낱말 사전

락슈미 신

고대 인도 신화에 나오는 아름다움과 풍요, 행운의 여신이자 비슈누 신의 아내예요. 연꽃에 서거나 앉아서 손에 연꽃을 들고 있는 모습으로 많이 그려져요.

락슈미 신은 불교에서 길상천으로 불려요.

만물

세상에 있는 모든 것들을 말해요.

메소포타미아

메소포타미아 사람들은 깨끗한 진흙으로 점토판을 만들고, 그 위에 쐐기 문자를 새겨 햇볕에 말리거나 가마에 넣고 구웠어요.

서남아시아의 티그리스강과 유프라테스강 사이에 있는 지역이에요. 기원전 4천년경 큰 강 유역에서 발달한 최초의 인류 문명 발생지 중 하나예요. 고대 문명 발상지는 메소포타미아 문명 외에도 나일강 유역의 이집트 문명, 인더스강 유역의 인더스 문명, 황허강 유역의 황허 문명이 있어요.

민족정신

한 민족이 갖고 있는 고유한 정신이에요. 민족의 말, 노래, 그림, 풍속, 법을 만드는 힘이지요.

비슈누 신

고대 인도 신화에 나오는 세계의 질서를 유지하는 신이에요. 네 개의 팔이 있으며 바다 위에 떠 있는 뱀 위에 누워 있는 모습으로 자주 그려져요. 세계가 혼란에 빠지면 인류를 구하기 위해 다른 모습으로 변하여 세상에 나타난다고 하며 불교에서는 비뉴천으로 불려요.

비슈누 신의 배꼽에서 피어오른 연꽃에서 브라흐마 신이 태어나는 모습을 그린 그림이에요. 비슈누 신의 발치에 락슈미 신이 앉아 있어요.

옛이야기

옛날부터 사람들의 입에서 입으로 전해 내려오는 이야기예요. 신화, 전설, 민담 등이 모두 옛이야기지요.

진화

생물이 자기가 사는 환경에 알맞게 변해 가는 현상이에요. 일이나 사물 따위가 점점 발달하여 가는 것을 말하기도 해요.

창세 신화

세상이 어떻게 만들어졌는지, 누가 처음 이 세상을 만들었는지에 대한 이야기예요. 전 세계에 두루두루 퍼져 있는데, 크게는 신이 직접 세계를 만들었다는 이야기와 하나로 뭉쳐 있던 하늘과 땅이 서로 나뉘면서 세계가 만들어졌다는 이야기로 나뉘어요. 창세 신화는 옛날 사람들이 우주에 대해 가졌던 생각이 담긴 문학 작품으로, 신화적 상상력과 과학적 상상력이 풍부하게 담겨져 있어 인류 정신문화의 가장 깊고 오래된 곳을 들여다볼 수 있게 해요.

고대 이집트 사람들이 세계가 만들어진 과정을 그린 그림이에요.

⭐ 도전! 퀴즈 왕

다음 내용을 잘 읽고 빈칸에 알맞은 단어를 써 보세요.

1. 미륵 신화처럼 세상이 어떻게 생겨났는지에 대한 이야기를 _____ 라고 해요.

2. 생명체가 태어나고 죽고 또 태어나는 과정을 수없이 겪으면서 새로운 생명체로 변해 가는 것을 _____ 라고 해요.

3. _____를 보면 과학, 역사, 미술, 종교뿐 아니라 옛날 사람들의 생각까지도 알 수 있어요.

4. 제주도에는 키가 크고 힘이 센 _____이 제주도의 산과 강을 만들었다는 옛이야기가 있어요.

정답: 1. 창세 신화 2. 진화 3. 신화 4. 설문대할망

②
우리 민족의 첫 나라를 세우다

단군 신화

첫 나라 고조선을 세운 단군왕검

까마득한 옛날, 하늘의 왕 환인에게 환웅이라는 아들이 있었어.
어느 날 환웅은 이곳저곳을 둘러보다 사람들이 사는 땅을 발견했어.

환웅은 사람들이 사는 그 땅을 직접 다스려 보고 싶었어. 특히 세 봉우리가 우뚝 솟은 태백산을 볼 때면 더욱 간절한 마음이 들었지.

환웅의 마음을 눈치챈 환인이 말했어.

"땅으로 내려가 널리 인간을 이롭게 해라."

"아버지……."

"아버지의 뜻을 잘 받들겠습니다."

환인은 환웅에게 하늘의 보물인 칼, 방울, 거울을 주었어. 또 3천 명의 신하도 주었지.

환웅은 바람을 다스리는 풍백, 비를 다스리는 우사, 구름을 다스리는 운사와 함께 땅으로 떠났어.

환웅은 왜 나무를 타고 왔을까?

단군 신화를 읽다 보니 '이 이야기가 정말일까?' 하는 의심이 든다고? 흐음, 그럼 이제부터 단군 신화 속의 이야기가 진짜인지 가짜인지, 수수께끼를 풀어 볼까?

환웅은 하늘에서 신단수라는 나무 아래로 내려왔어. 왜 하필 나무일까? 혹시 신단수는 하늘과 땅을 이어 주는 사다리?

맞아. 환웅이 타고 온 신단수는 사람이 사는 세계인 땅과 신이 사는 세계인 하늘을 연결하는 성스러운 나무야.

신단수처럼 신화 속에 나오는 성스러운 나무를 **우주 나무** 또는 **생명나무**라고 해. 이런 나무에 관한 신화는 세계 여러 곳에서 나타나고 있어. 옛날 사람들은 모두 나무를 아주 중요하게 생각했나 봐.

왜 그랬을까? 나무는 하늘을 향해 위로 자라. 또 계절에 따라 잎이 졌다가 새잎이 돋아나지. 그걸 보고 옛날 사람들은 '나무는 우주이며 생명'이라고 생각했어. 나무가 죽었다가 다시 살아난다고 생각한 거야.

사실 나무는 지금 봐도 정말 대단해! 여러 동물의 집이 되어 주고 맛있는 열매를 맺을 뿐 아니라 집, 의자, 침대, 그릇을 만드는 재료로 쓰이잖아. 또 신선한 공기도 만들어 주고! 옛날 사람들이 나무를 귀하게 여길 만하지?

더 알아보기

 ### 신기하고 요상한 나무들

북유럽 신화의 이그드라실

이그드라실은 세상의 중심에서 우주를 떠받치고 있는 나무야. 가지는 하늘에 닿고, 뿌리는 세 갈래로 뻗어 있는데, 그중 하나에서는 지혜의 샘물이 퐁퐁 솟아나지.

중국 신화의 부상

거대한 뽕나무인 부상은 펄펄 끓는 뜨거운 물속에 우뚝 서 있어. 열 개의 태양이 차례로 하늘에 떠오르기 위해 기다리고 있지.

이집트의 생명나무

고대 이집트 사람들은 무화과나무를 생명나무로 삼았어. 무화과나무에 과일이나 꽃을 바치며 소원을 빌기도 했지.

나무에 소원을 빌어 봐!

나무를 우러르는 풍습은 요즘도 볼 수 있어.

오래된 마을에는 그 마을을 보호하고 지켜 주는 큰 나무들이 있어. 그런 나무를 당산나무라고 부르는데, 마을 사람들이 해마다 제사를 지내 주며 위하지.

1년 동안 그저 아무 탈 없이 편안하게 해 주세요.

또 시골 마을에 가면 긴 장대 끝에 나무로 만든 새가 앉아 있는 것을 볼 수 있어. 바로 솟대야. 당산나무처럼 마을을 지키기 위해 마을 입구에 세운 것이지.

솟대 끝에 올라앉은 새는 오리야. 옛날 사람들은 솟대 끝에 있는 오리가 하늘에 있는 신께 사람들의 소원을 알려 준다고 믿었어.

환웅은 왜 바람과 비와 구름의 신을 데려왔을까?

 신기하고 놀라운 사실 하나! 옛날 옛날에 사람들의 직업은 딱 하나, 농부뿐이었어.
 환웅이 바람과 비와 구름의 신을 데리고 온 건 바로 그래서야. 농사지을 때 가장 중요한 게 뭘까? 바로 날씨야!

적당한 때 적당한 비가 내리고 햇빛이 내리쬐어야 곡식이 잘 자라거든. 그리고 곡식이 잘 자라야 사람들이 배불리 먹고 잘 살 수 있지. 그래서 옛날에는 농사가 잘되게 하는 왕이 훌륭한 지도자란 소리를 들었어.

이제 환웅이 바람과 비와 구름의 신을 데리고 온 이유를 확실히 알겠지?

그건 그렇고 데려오는 김에 환웅이 공부의 신도 데려왔으면 좋았을 텐데. 그랬으면 공부 잘하는 머리가 이어지고 이어져서 우리나라에는 공부 잘하는 사람들만 가득할 거 아냐, 안타깝군!

더 알아보기

 비는 중요해!

기우제

옛날에는 가뭄이 들면 음식을 차려 놓고 정성을 다해 기우제를 지냈어. 비가 오기를 비는 제사를 지낸 거야. 기우제는 개인이 지내기도 하고, 마을에서 지내기도 하고, 나라에서 지내기도 했어.

"비야, 비야, 가는 비야. 까치 동동 가는 비야. 억수같이 쏟아져라."

사람들은 어른 아이 할 것 없이 이런 노래를 부르며 비가 오기를 빌었어.

기우제를 지내는 방법

기우제를 지내는 방법은 지역마다 조금씩 달랐어. 어느 곳에서는 호리병에 물을 넣고 나뭇가지를 꽂은 다음 처마에 매달아 물방울이 똑똑 떨어지게 해서 비 오는 모양을 흉내 냈어. 또 어떤 곳에서는 키에 담은 물을 까불러 비를 부르기도 했지. 용에게 비를 내려 달라고 비는 데도 있었어. 비를 내리게 하는 용이 잠들어서 가뭄이 든다고 생각했거든.

더 알아보기

잠자는 용 깨우는 방법

산꼭대기에 장작을 수북이 쌓아 놓고 불을 놓는다

아마 연기가 하늘까지 다다라 용이 콜록거리며 일어날걸!

냇가나 연못 등 제사 지낼 장소에 더러운 돼지를 던진다

아마 용이 "우리 집이 더러워졌잖아." 하면서 비를 내릴걸!

용을 그려 놓고 빌고 또 빈다
아마 용이 감동해서 비를 내릴걸!

풀이 말라 죽어 용님의 사촌 되는 뱀들이 숨을 곳을 찾아 이리저리 헤매고, 들판에서는 바람이 불 때마다 '곡식 살려!' 소리가 나고, 엄마 젖이 말라 똘이는 젖 달라고 앙앙 울고……. 마를 수 있는 건 다 말랐습니다. 마르지 않은 것은 오직 용님을 모시는 마음뿐이옵니다. 그러니 만물의 최고신이신 용님이시여, 비를 내려 주소서!

쾅쾅 시끄럽게 북을 치거나 팡팡 폭죽을 터뜨린다
북을 치고 폭죽을 터뜨리면 용이 "아이, 깜짝이야!" 하고 일어나 비를 내릴걸!

곰은 정말 사람이 되었을까?

곰이 정말로 사람으로 변한 건 아니야. 하지만 그 이야기에는 숨은 속뜻이 있어.

바로 곰을 섬기는 부족과 환웅의 부족이 합쳐졌다는 것이지. 옛날 사람들은 동물을 우러르며 살았어. 부족에 따라 신성하게 여기는 동물이 달라서 동물은 각 부족을 상징하기도 했지. 환웅 부족과 합쳐진 곰 부족은 긴 겨울잠을 자고 봄에 굴에서 나오는 곰을 신성한 동물로 여겨 우러렀어. 곰이 죽었다가 새로운 생명으로 다시 태어난다고 생각했거든. 아마 굴을 도망쳐 나간 호랑이는 환웅의 부족과 합쳐지지 못한 부족을 의미할 거야.

단군은 진짜 1908세까지 살았을까?

단군 신화에서는 단군왕검이 1908세에 산에 들어가 산신이 되었다고 해. 단군왕검은 정말로 그렇게 오래 살았을까?

당시에는 나라의 최고 우두머리를 '단군왕검'이라고 불렀어. 그러니까 단군왕검이 1908세까지 살았다는 건 1대 단군왕검, 2대 단군왕검, 3대 단군왕검……. 이렇게 단군왕검이란 이름으로 불린 왕들이 1908년 동안 나라를 다스렸다는 뜻이야.

참, 단군왕검은 조선이라고 나라 이름을 지었는데 왜 고조선이라고 부를까? 세월이 한참 흐른 후에 이성계가 세운 조선과 헷갈리지 말라고 고조선이라 부르는 거야. 옛날 조선이란 뜻이지.

⭐ 알쏭달쏭 낱말 사전

기우제

오랫동안 비가 오지 않을 때에 비 오기를 빌던 제사예요. 가뭄이 심할 때는 왕이 직접 기우제를 지냈고 각 고을에서 돼지, 닭, 술, 과일, 떡, 밥 등을 제물로 올리며 제사를 지내기도 했어요.

서울시 종로구 사직동에 있는 사직단은 왕이 땅의 신과 곡물의 신에게 제사를 지내던 곳이에요. 사직단에서도 기우제를 지냈지요.

단군왕검

하늘 신의 아들인 환웅과 웅녀 사이에서 태어나, '널리 인간을 이롭게 한다'는 홍익인간의 정신에 따라 우리나라 최초의 국가인 고조선을 세웠어요. 단군왕검은 하늘에 제사를 지내는 제사장을 뜻하는 '단군'과 정치 지도자를 뜻하는 '왕검'이 합쳐진 말이에요.

강원도 태백산 정상에 있는 천제단이에요. 아주 오래전 우리 조상들이 하늘에 제사를 지내기 위하여 만든 제단이에요.

당산나무

옛날 사람들은 키가 크고 오래된 나무가 마을을 지키고 보호해 주는 수호신이라고 생각했어요. 그래서 나뭇가지를 꺾거나 나무를 베지 않도록 조심했지요. 또 기우제를 지내거나 산신령에게 제사를 드릴 때는 나무 주변에 금줄을 치고 황토를 뿌리며 정성을 기울였어요.

부족

아직 나라가 없던 원시 시대에 같은 조상, 언어, 종교를 가진 사람들이 모여 이룬 공동체예요.

솟대

옛날 사람들이 자신들의 소망을 하늘에 전달하기 위해 높이 세워 둔 막대예요. 음력으로 한 해의 마지막 날에 새해의 풍년을 바라며 볍씨를 주머니에 넣어 높이 달아매기도 하고, 막대 끝에 나무로 깎아 만든 새를 달아 마을의 수호신으로 삼기도 했어요.

아사달

단군왕검이 고조선을 세울 때 정한 수도로, 지금의 평양 부근이나 황해도 구월산이라고 알려져 있어요.

태백산

단군 신화에 나오는 태백산은 백두산을 말해요. 백두산의 옛 이름이 태백산이지요.

환웅이 내려온 태백산인 오늘날의 백두산 정상에는 호수인 천지가 있어요.

⭐ 도전! 퀴즈 왕

다음 내용을 잘 읽고 빈칸에 알맞은 단어를 써 보세요.

1. 옛날 사람들은 나무를 신성하게 생각했어요. 단군 신화에서 환웅도 태백산 꼭대기에 있는 신성한 나무인 ㅅㄷㅅ 아래로 내려왔지요.

ㅅ ㄷ ㅅ
----

2. 환웅이 바람을 다스리는 풍백, 비를 다스리는 우사, 구름을 다스리는 운사를 데려온 것은 ㄴㅅ를 중요하게 생각했기 때문이에요.

ㄴ ㅅ
----

3. 단군 신화에서 곰이 사람으로 변해 환웅과 혼인을 했다는 것은 곰을 섬기는 ㅂㅈ과 환웅을 섬기는 ㅂㅈ이 합쳐졌다는 뜻이에요.

ㅂ ㅈ

정답 1. 신단수 2. 농사 3. 부족

③ 하늘 신의 아들이 세운 나라

주몽 신화

그러자 신하는 알을 들에 버렸어. 하지만 이번에도 동물들은 알을 먹기는커녕 따뜻하게 품어 주었지.

신하는 금와왕에게 알을 도로 갖고 가서 그동안 일어났던 일을 이야기했어.

신하의 말을 믿지 못한 금와왕은 도끼로 알을 내리쳤어.

도끼를 가져와라!

깨져라, 깨져. 왜 안 깨지는 거야!

하지만 알은 깨지지 않고 도끼만 팅 하고 튕겨 나갔지.

알을 유화에게 갖다주어라.

알의 신비함을 깨달은 금와왕은 유화에게 알을 다시 돌려주었어.

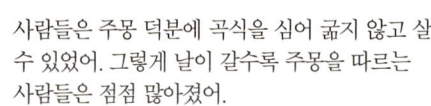

물고기와 자라는 왜 다리를 놓아 주었을까?

주몽 신화는 단군 신화보다 훨씬 힘차고 웅장한 것 같지 않니? 이제부터 주몽 신화에 숨은 비밀들을 캐 보자.

주몽이 왕자들한테 쫓길 때 물고기와 자라가 다리를 놓아 주었지? 등도 아프고 비늘도 벗겨질 텐데, 왜 그랬을까?

그건 주몽이 물을 다스리는 신인 하백의 손자이기 때문이야. 하백이 손주인 주몽을 도와주려고 물고기와 자라한테 다리를 놓게 한 거지. 원래 할아버지들은 손주를 끔찍이 예뻐하잖아.

> 더 알아보기

 하백과 해모수의 대결

유화가 해모수와 혼인하려 하자, 하백은 해모수가 진짜 하늘 신의 아들인지 알아보기 위해 몇 가지 시험을 해 보기로 했어.

"네가 진짜 하늘 신의 아들이라면 신통한 재주가 있을 터, 시험해 보아야겠다."

말을 마친 하백은 잉어로 변해 물속을 헤엄쳤어. 그러자 해모수는 수달이 돼서 잉어를 잡았지.

"정말 하늘 신의 아들이라면 나를 쫓아와 봐라!"

하백은 다시 꿩으로 변해 도망쳤고, 해모수는 매가 되어 쫓아갔어.

하백이 사슴이 되어 달아나자 해모수는 승냥이가 되어 쫓았어.
 세 번이나 위기에 처했던 하백이 시험을 그만두자 해모수도 본래 모습으로 돌아왔어.
 "과연 하늘 신의 아들이구나."
 하백은 해모수의 재주에 감탄해 유화와 혼인하도록 허락했단다.

주몽이 고구려를 세운 곳은 어디일까?

졸본에 도착한 주몽은 쳐다만 봐도 다리가 후들후들 떨리는 천연 요새인 **오녀 산성**에 고구려를 세웠어.

오녀 산성은 높디높은 산꼭대기에 있었어. 그야말로 떨어지면 끝장인 무시무시하게 가파르고 험한 절벽이었지. 절벽 아래에는 사나운 짐승들이 우글거리는 깊고 깊은 골짜기와 세차게 흐르는 강이 있었지.

"나라를 세우기에 딱이야! 적이 쳐들어오기 어려울 뿐더러, 쳐들어온다 해도 이런 지형이라면 쉽게 막아 낼 수 있어."

주몽이 오녀 산성에 나라를 세운 이유야.

오녀 산성은 국내성, 환도 산성, 다른 고구려 무덤들과 함께 2004년 유네스코 세계 유산으로 지정되었어. 고구려 문명만의 특징을 잘 보여 주고 있기 때문이지.

지금 오녀 산성이 있는 곳은 중국 땅이어서 발굴, 보존 등은 대부분 중국이 하고 있어. 그러면서 현재 중국 땅에 속하는 부여, 고구려, 발해 등의 역사가 중국의 소수 민족이 세운 역사 중 하나라고 주장해. 중국이 그럴수록 두 눈 부릅뜨고 잘 지켜봐야 해. 그래야 우리 역사를 지킬 수 있거든.

고구려의 제2대 왕이 된 주몽의 아들 유리왕은 고구려의 수도를 **국내성**으로 옮겼어. 고구려가 주변의 여러 부족 국가를 차지하여 힘을 키운 후의 일이지.

오녀 산성은 깊은 산에 자리해서 먹을 것을 구하기가 어려웠어. 그래서 국내성으로 수도를 옮겼지.

나, 주몽의 아들 유리!

고구려의 두 번째 수도 **국내성**

오녀 산성은 적의 침입을 막기에는 좋았지만 주변이 깊은 산으로 둘러싸여 있어 곡식을 키울 밭이 부족했어. 그래서 늘 먹을 것이 모자랐지. 필요한 것이 있어도 길이 너무 험해 가져오기가 어려웠고.

그래서 유리왕은 기후가 따뜻하고, 압록강이 가까워 먹을 것이 풍부한 국내성으로 수도를 옮겼어. 국내성 부근에서는 금이나 은, 철 같은 자원도 많이 나서 꿩 먹고 알 먹기였지.

국내성은 약 400여 년간 고구려의 수도였어. 그동안 왕도 여러 번 바뀌었어. 이후 427년 장수왕이 평양으로 수도를 옮겼지.

국내성에는 벽화로 유명한 고구려 무덤이 여러 곳 남아 있어. 우리나라에서 가장 큰 비석으로 유명한 광개토 대왕릉비도 있지. 414년 광개토 대왕의 아들인 장수왕이 아버지의 업적을 칭송하기 위해 세운 비석으로, 고구려의 건국과 광개토 대왕이 영토를 늘린 과정을 기록하고 있어.

고구려 유물에 자주 보이는 삼족오는 무엇일까?

고구려 하면 발이 세 개 달린 까마귀인 삼족오가 생각나. 주몽 신화에도 까마귀가 곡식의 씨앗을 가져다주어서 사람들이 먹는 걱정 없이 잘 살 수 있었다는 얘기가 나오잖아.

삼족오의 세 발은 각각 하늘, 땅, 사람을 뜻해. 즉 삼족오에는 하늘과 땅과 사람 모두가 평화롭게 살기를 바라는 마음이 녹아 있는 거야.

고구려 사람들은 큰 행사를 하거나 전쟁을 치를 때마다 삼족오가 그려진 깃발을 들었어. 무덤에도 삼족오를 많이 그려 넣었어. 지금은 까마귀 하면 불길하다고 생각하는 사람들도 많은데, 참 재미있지?

중국에서는 삼족오가 태양 속에 사는 신성한 새라고 생각했어.

오래전 중국에 태양이 열 개나 떠 있을 때의 일이야. 풀이 마르고 사람들이 타 죽자 중국의 요임금은 예라는 사람을 시켜 태양 아홉 개를 떨어뜨리게 했어. 예가 쏜 활을 맞은 아홉 개의 태양이 떨어진 자리에는 아홉 마리의 까마귀가 있었어. 태양 속에 까마귀가 살고 있었던 거야.

왜 중국 사람들은 까마귀가 태양 속에 산다고 생각했을까? 중국 황허강 부근에는 짙은 황토 먼지가 많아. 그래서인지 이곳에서 태양을 보면 태양 표면의 흑점이 마치 태양을 등에 지고 가는 까마귀 같아 보인대.

고구려 사람들은 왜 벽화를 그렸을까?

고구려 사람들은 무덤에 그림을 많이 그려 넣었어. 왜 그랬을까? 죽음이 끝이 아니라고 생각했기 때문이야. 고구려 사람들은 죽은 사람들이 가는 세계가 따로 있어서, 죽은 뒤에 그곳에서 산다고 믿었어.

그게 어디냐고? 음, 그건……. 고구려에 관한 책을 아무리 구석구석 살펴보아도 그것만은 모르겠단 말이야.

고구려 사람들은 죽음 이후의 삶을 위해 무덤 안에 살아 있을 때 쓰던 물건들과 곡식을 넣었어. 또 죽은 사람과 무덤을 지켜 주길 바라며 신성한 동물들을 무덤 벽에 그려 넣었어.

중국 지린성 지안현에 있는 고구려 무덤 삼실총의 벽화야.

　고구려 벽화에 그려진 그림은 아주 다양해. 당시 사람들의 생활 모습뿐 아니라 그들이 믿는 신앙과 신화 속의 이야기도 그려져 있지.

　고구려가 어떤 나라인지 자세히 알고 싶다면 벽화를 뚫어지게 봐. 혹시 알아? 구름 탄 신선이 "네 정성이 갸륵하다." 이러면서 다 말해 줄지. 벽화는 고구려를 알 수 있는 아주 귀중한 자료란다!

백제도 고구려 사람이 세웠다고?

주몽이 부여에서 도망칠 때 주몽에게는 임신한 부인이 있었어. 주몽은 부인에게 아들이 태어나면 자기를 찾아오게 하라며 증표를 남겨 주었지.

그 후 졸본에 도착한 주몽은 소서노와 결혼해서 아들 비류와 온조를 낳았어. 부여에 있던 주몽의 첫 번째 부인은 혼자서 아들 유리를 낳아 키웠고.

세월이 흘러 주몽은 고구려를 세우고 왕이 되었어. 그때 부여에서 유리가 아버지를 찾아왔어. 주몽은 유리가 가져온 증표를 보고는 유리를 고구려의 후계자로 삼았지.

그러자 비류와 온조는 자신을 따르는 열 명의 신하와 함께 고구려를 떠나 지금의 서울 부근인 위례성에 자리를 잡았어. 그런데 비류는 위례성이 별로 마음에 들지 않는 거야. 그래서 다시 지금의 인천이 있는 미추홀로 떠났어. 온조는 홀로 남아 나라를 세우고 이름을 십제라고 했어. 십제는 열 명의 신하가 도와주었다는 뜻이야.

십제는 농사가 잘되어 백성들이 아무 걱정 없이 지냈어. 큰 강이 흐르는 데다 땅이 평평하고 기름져서 농사짓기에 딱 좋았거든. 나중에 비류가 죽고 그 신하와 백성들이 십제로 옮겨 오면서 십제는 나라 이름을 백제로 바꿨어.

수수께끼 또 하나 풀었다. 그렇지?

백성들이 왕을 잘 따랐던 풍요로운 나라 백제는 주몽의 아들이 세운 나라란 사실!

더 알아보기

🐦 동서남북을 지키는 사신

고구려의 고분 벽화에서 자주 볼 수 있는 상상의 동물들이야. 네 방향을 맡은 신으로 동쪽은 청룡, 서쪽은 백호, 남쪽은 주작, 북쪽은 현무야.

청룡 부리부리한 눈, 길게 뻗은 수염, 매서운 발톱 다섯 개, 단단한 뿔 두 개, 푸른빛 비늘을 가진 청룡은 동쪽을 지키는 신이야. 사계절 중에서는 봄을 의미해.

백호 얼룩얼룩 갈색 줄무늬, 수정 같은 푸른빛 눈, 조그마한 두 귀, 흰 빛깔의 백호는 서쪽을 지키는 신이야. 가을을 뜻해. 실제 고구려 고분 벽화에서는 용을 닮은 모습으로 그려지기도 했어.

주작 　태양을 닮은 붉은 깃털, 힘이 느껴지는 날개, 위로 들어 올린 꽁지,
　　　　신비하고 아름다운 모습의 주작은 남쪽을 지키는 신이야. 여름을 의미해.

현무 　거북의 몸을 감싼 뱀, 고개를 돌려 바라보는 거북, 힘차고 활발한 모습의
　　　　현무는 북쪽을 지키는 신이야. 겨울을 뜻하지.

⭐ 알쏭달쏭 낱말 사전

고분
아주 오래전에 만들어진 무덤이에요. 고구려는 고분에 그려진 그림인 고분 벽화가 많기로 유명해요.

고구려 고분인 장군총은 화강암을 벽돌처럼 깎아 7층으로 쌓아 올려 만들었어요.

국내성
고구려의 두 번째 수도로, 중국 지린성 지안현에 있는 성터 부근에 있었던 것으로 보여요. 장수왕 때 평양으로 수도를 옮기기 전까지 400여 년간 고구려의 수도였어요.

중국 지린성 지안현에 남아 있는 국내성의 서쪽 성벽이에요.

부여
기원전 1세기 무렵에 북만주 일대에 세워진 나라예요. 여러 개의 부족이 합쳐진 연맹 왕국으로, 왕의 힘이 약했으며 가축의 이름을 붙인 마가, 우가, 저가, 구가 등이 각 부족을 다스렸어요. 신분이 높은 사람이 죽으면 신하와 아내, 종을 함께 묻는 '순장'이라는 풍습이 있었어요.

오녀 산성

중국 랴오닝성 오녀산에 있는 산성이에요. 1996년부터 2003년까지 고구려 시대의 유물들이 많이 발굴되면서 고구려의 첫 번째 수도인 졸본이 있었던 곳으로 알려졌어요. 2004년 유네스코 세계 유산에 올랐어요.

멀리서 바라본 오녀 산성이에요. 오녀산의 가파른 절벽이 무시무시해요.

온조

주몽의 셋째 아들이에요. 유리가 주몽을 찾아오자, 형 비류와 함께 고구려를 떠나 남쪽으로 내려갔어요. 한강 유역의 위례성에 도읍을 정하고 나라를 세웠고, 미추홀에 나라를 세웠던 형 비류가 죽자 그 백성들을 받아들여 나라 이름을 백제라고 했어요. 이후 백제는 약 700년 동안 계속되었지요.

서울시 송파구 방이동에 있는 백제 초기의 성인 몽촌 토성이에요. 흙으로 지은 성으로, 성 안에서 다양한 백제 시대의 유물이 나왔어요.

요새

군사적으로 중요한 곳에 만들어 놓은 방어 시설이에요. 적의 어떠한 공격에도 견딜 수 있도록 튼튼하게 짓지요.

⭐ 도전! 퀴즈 왕

다음 내용을 잘 읽고 빈칸에 알맞은 단어를 써 보세요.

1. 주몽의 아버지 _____ 는 하늘 신의 아들이며 해를 다스렸어요.

2. 주몽이 부여의 왕자들을 피해 도망칠 때 하백의 명령으로 _____ 와 _____ 가 다리를 만들어 큰 강을 건널 수 있게 도와주었어요.

3. 유리가 고구려로 주몽을 찾아오자, _____ 는 형 비류와 함께 고구려를 떠나 백제를 세웠어요.

4. _____ 는 발이 세 개 달린 까마귀로, 태양 속에 사는 신성한 새예요.

5. 네 방향을 맡은 신을 _____ 이라고 해요. 동쪽은 청룡, 서쪽은 백호, 남쪽은 주작, 북쪽은 현무가 맡았어요.

정답 1. 해모수 2. 물고기, 자라 3. 온조 4. 삼족오 5. 사신

④

세상을 밝히는 빛이 태어나다

박혁거세 신화

여섯 촌장들은 얼른 그 우물가로 가 보았어. 그러자 흰말이 촌장들에게 절을 하듯 머리를 숙이더니 히히힝 긴 울음을 울고는 하늘로 날아갔어. 흰말이 올라간 자리에는 커다란 알이 하나 있었지.

알을 깨뜨리자 사내아이가 걸어 나왔어. 몸에서 밝은 빛이 나는 잘생긴 아이였지.

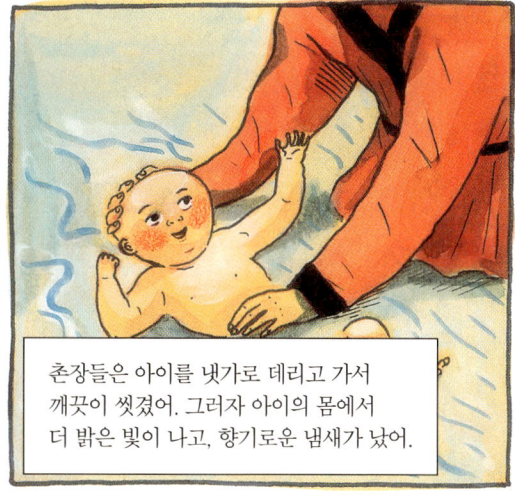

촌장들은 아이를 냇가로 데리고 가서 깨끗이 씻겼어. 그러자 아이의 몸에서 더 밝은 빛이 나고, 향기로운 냄새가 났어.

하늘이 주신 아이요. 이 아이를 우리의 임금으로 삼읍시다.

몸에서 밝은 빛이 나니 혁거세라 부릅시다.

여섯 촌장들은 온 세상을 환하게 밝혀 줄 임금이라 하여 아이의 이름을 혁거세로 지었어.

그 무렵 다른 마을에서도 신기한 일이 벌어졌어. 알영이라는 우물가에 닭처럼 생긴 용, 계룡이 나타난 거야.

마을 사람들이 우물가로 모여들자 계룡의 왼쪽 옆구리가 쩍 벌어지더니 여자아이가 나왔어.

에구머니나! 입술이 닭 부리처럼 뾰족하게 튀어나와 있네.

맑은 물에 아이의 얼굴을 씻기자 닭 부리처럼 뾰족하던 입술이 뚝 떨어졌어.

그 뒤로 사람들은 이 냇물을 발천이라 불렀어. 부리가 떨어져 나간 냇물이란 뜻이지.

계룡이 여자아이를 낳았다는 소식은 순식간에 여섯 마을에 퍼졌어.

우리가 임금을 달라고 빌었더니 왕비까지 주셨구려. 참으로 기쁜 일이오!

여섯 촌장들은 여자아이의 이름을 우물의 이름을 따서 알영이라 짓고, 정성을 다해 길렀어.

혁거세와 알영이 열세 살이 되자 여섯 촌장들은 혁거세를 왕으로, 알영을 왕비로 받들었어.

혁거세는 나라 이름을 서라벌이라 짓고 여섯 촌장들의 도움을 받아 나라를 잘 다스렸어.

나라를 다스린 지 61년째 되는 해, 혁거세는 하늘로 올라갔어. 그리고 일주일 뒤에 혁거세의 몸이 다섯 토막으로 나뉘어 땅에 떨어졌지.

으악, 도망쳐!

사람들이 혁거세의 몸을 모으려고 하자 큰 뱀이 나타나서 금방이라도 잡아먹을 듯이 달려들었어.

뱀은 사람들이 혁거세의 몸을 모으려고 할 때마다 자꾸 방해를 했어. 마치 왕의 몸을 그냥 두라고 하는 것 같았지.

결국 신라의 첫 번째 왕인 혁거세의 무덤은 다섯 개가 되었어.

하늘의 뜻인 듯하오. 무덤을 다섯 개로 만듭시다.

흰말은 알 장수?

신라의 건국 신화에도 주몽 신화처럼 알이 나와. 흰말이 하늘에서 알을 가져왔고, 그 알에서 박혁거세가 나왔지.

그런데 왜 흰말이 알을 가져왔을까? 혹시 흰말은 알 장수? 얼토당토않은 상상 집어치우라고? 그럼 진짜 의미는 뭘까?

옛날 사람들은 말을 아주 귀하게 여겼어. 멀리 가야 할 때, 전쟁에서 적과 싸울 때 말은 큰 도움이 되었거든. 털이 새하얀 흰말은 흔히 볼 수 없어서 더욱 귀하게 여겨졌어. 사람들은 옥황상제가 하늘에서 타고 다닌다는 천마가 흰말일 거라고 상상했지. 그 흰말이 가져온 알에서 태어났으니 혁거세는 하늘 신이 내려보낸 하늘의 자손이라는 얘기야.

경상북도 경주시에 있는 신라의 왕릉 중 천마총은 천마 그림이 발견된 곳이야. 말을 탔을 때 흙이 옷에 튀지 않게 말의 배 양쪽에 네모난 판을 늘어뜨리는데, 그걸 말다래라고 해. 천마 그림은 그 말다래 뒷면에 그려져 있었지.

천마총에서는 달걀 껍데기가 많이 나왔는데, 이것도 박혁거세 신화와 관계가 있어. 꼬물꼬물 작은 벌레의 알부터 커다란 타조의 알까지, 알은 모두 생명을 품고 있어. 신라 사람들은 새 생명을 품고 있는 알을 소중히 여겼지.

또 신라 사람들은 둥그런 모양의 알이 태양을 상징한다고 생각해서 신성한 것으로 믿었어.

더 알아보기

 **하늘을 나는 말들**

신라의 천마처럼 세계 여러 나라의 신비한 말들에 대해 알아보자!

"내 뿔은 만병통치약이야."

인도와 유럽의 전설에 나오는 **유니콘**은 이마에 긴 뿔이 하나 달린 말이야. 어린 여자아이를 좋아한다고 해.

그리스 신들이 타는 날개 달린 말 **페가수스**야. 페르세우스가 메두사의 목을 자를 때 태어났고 나중에 하늘에 올라가 별자리가 되었어.

북유럽 신화에 나오는 신들의 아버지 오딘은 다리가 여덟 개인 흰 말 슬레이프니르를 타고 다녔다고 해.

이슬람교를 만든 무함마드는 머리는 여자이고 몸은 말이며 꼬리는 공작새인 부라크를 타고 하늘로 올라갔다고 해.

닭이야? 용이야? 계룡의 정체를 밝혀라!

신화 속에는 신비한 동물이 많이 나와. 혁거세의 부인이 된 알영을 낳은 계룡도 그래. 계룡은 닭도 아니고 용도 아니야. 아마 닭처럼 생긴 용이라고 해야 할 거야.

왜 닭처럼 생겼냐고? 닭이 가지고 있는 의미를 살펴보면 저절로 고개가 끄덕여질걸.

"꼬끼오, 꼬끼오!"

동쪽에서 해가 떠오르기 전 어둠이 서서히 걷힐 때, 홰대에 앉아 있던 닭이 목을 길게 빼고 "꼬끼오!" 하고 울어. 그러면 사람들은 "아, 날이 밝았구나." 하며 잠에서 깨어 하루 일을 시작하지. 즉 닭은 새벽을 알려 주는 동물인 거야. 어때? 세상의 빛이 될 혁거세의 부인을 낳을 만하지?

신라 사람들은 닭이 어둠을 헤치고 밝음을 가져오듯, 신라의 미래가 밝기를 바라는 마음을 담아 닭을 신성한 동물로 여겼어.

또 닭은 귀신을 쫓는 역할도 했어. 어둠을 지배하는 귀신들은 닭 울음소리가 나기 전에 하늘로 돌아가야 했어. 그 시간까지 돌아가지 못하면 옥황상제한테 무시무시한 벌을 받았다지 뭐야. 그러니 귀신들이 가장 무서워하는 게 뭐겠어? 바로 닭이지.

그래서 옛날에는 대문에 닭을 그린 그림을 많이 붙여 놓았어. 귀신이 대문을 넘으려다 닭 그림을 보면 에구머니나 하고 줄행랑을 칠 테니까.

혁거세의 몸이 다섯 조각 나다!

혁거세는 하늘로 올라간 지 일주일 만에 몸이 다섯 조각으로 나뉜 채 땅으로 떨어졌어.

나라를 세워 잘 다스린 왕의 몸이 조각나다니 도대체 무슨 일일까? 게다가 백성들이 왕의 몸을 모으려고 할 때마다 큰 뱀이 나타나서 방해했잖아.

옛날 사람들의 가장 큰 소원이 무엇이었는지 아니? 굶지 않고 사는 거였어. 그때는 지금처럼 먹을 것이 많지 않았거든.

왕의 가장 큰 걱정도 백성이 굶지 않도록 하는 거였어. 혁거세도 마찬가지였지. 그런 바람이 혁거세의 몸을 다섯 조각으로 나눠지게 한 거야.

무슨 말이냐고? 혁거세의 몸이 다섯 조각으로 나뉘는 바람에 무덤도 다섯 개로 나눠서 만들어야 했지? 이건 바로 농사에서 씨앗 뿌리는 방법을 의미해.

농사를 지을 때는 씨앗을 한곳에만 뿌리지 않고 여기저기 퍼뜨려서 뿌려야 잘 자라거든. 혁거세는 자기 몸을 이곳저곳에 나눠 묻게 만들어서, 씨앗을 퍼뜨려 뿌려야 농사가 잘된다는 것을 몸소 보여 준 거야.

더 알아보기

 백성을 걱정한 신라 왕

신라 제30대 왕인 문무왕은 김유신 장군과 함께 백제, 고구려를 멸망시키고 삼국을 통일한 왕이야.

문무왕은 죽기 전에 이런 유언을 남겼어.

"동해 바다 바위섬에 내 장례를 치르라."

왜 그랬느냐고? 문무왕은 죽어서 용이 되어 동해로 쳐들어오는 왜구를 막고 싶었거든. 경주시 양북면 앞바다에 있는 대왕암이 바로 문무왕을 장사 지낸 바위야.

문무왕의 백성 사랑은 여기서 끝이 아니야. 문무왕의 아들 신문왕이 왕위에 오른 지 얼마 지나지 않아 신기한 일이 일어났어.

"동해 바다 바위섬에 있는 대나무가 낮에는 둘로 나눠지고 밤에는 하나로 합쳐진다 하옵니다."

깜짝 놀란 신문왕이 신하들과 함께 바위섬으로 갔더니 글쎄, 하늘에서 용이 내려와서는 이렇게 말하는 거야.

"이 대나무로 피리를 만들어 불면 나라가 평화로워질 것이오."

용의 말대로 대나무로 피리를 만들어 불었더니 쳐들어오던 적군이 달아나고, 가뭄에 단비가 내리고, 아픈 사람은 병이 낫고, 홍수가 멈추고, 높은 파도가 잔잔해졌어. 이 피리가 바로 만 가지 걱정이 사라진다는 뜻의 이름을 가진 **만파식적**이야. 용이 된 문무왕이 준 선물이지.

⭐ 알쏭달쏭 낱말 사전

알

옛날 사람들은 새가 낳은 알에서 태어난 사람을 특별히 여겼어요. 하늘과 땅을 오르내리며 날아다니는 새가 하늘의 뜻을 전하는 신비한 존재라고 생각했기 때문이지요. 또 알은 태양을 상징하기도 해서 알에서 태어난 임금들은 태양신, 하늘 신의 아들로 불렸어요.

천마총에서는 썩지 않은 20여 개 분량의 달걀 껍데기와 깨지지 않은 달걀 3개가 나왔어요.

옥황상제

하늘 신을 이르는 말이에요. '옥황, 천황, 옥제'라고도 해요. 용무늬가 있는 옷을 입고, 머리에 구슬 장식의 모자를 쓰며, 손에는 비취로 만든 도장을 들고 있다고 하지요.

이슬람교

기독교, 불교와 함께 세계 3대 종교의 하나로, 600년대 초 무함마드가 만들었어요. 유일신 알라를 믿으며 쿠란에 적힌 가르침을 따라요. 아시아, 아프리카, 유럽 등지에서 많은 사람들이 이슬람교를 믿고 있어요.

이슬람교의 경전인 쿠란이에요.

천마총

경상북도 경주시 황남동에 있는 신라 때의 무덤이에요. 1973년에 발굴되어 금관, 말을 타고 부리는 데 쓰는 도구인 마구, 구슬 목걸이, 유리잔, 금으로 만든 허리띠 등 많은 유물이 나왔어요. 그중 금관과 천마도, 금 허리띠는 국보로 지정되었어요.

왼쪽은 천마총 입구, 오른쪽은 천마도예요.

초하루

매달 첫째 날로, 초하룻날이라고도 해요. 정월 초하루는 음력 1월 1일, 설날이에요.

촌장

한 마을의 우두머리예요. 신라가 세워지기 전 경주에는 알천 양산촌, 돌산 고허촌, 취산 진지촌, 무산 대수촌, 금산 가리촌, 명활산 고야촌의 여섯 마을이 있었고 각 마을을 이씨, 최씨, 정씨, 손씨, 배씨, 설씨 성의 촌장이 다스렸다고 해요.

추대

자기보다 지위가 높은 윗사람으로 떠받든다는 말이에요.

★ 도전! 퀴즈 왕

왼쪽의 내용을 잘 읽고 빈칸에 알맞은 단어에 줄을 이어 보세요.

1. 경주 천마총에서 나온 _____에는 하늘을 나는 천마가 그려져 있어요.   •   • ① 하늘

2. 알에서 태어난 고구려의 주몽이나 신라의 혁거세는 모두 _____의 자손이에요.   •   • ② 닭

3. 신라 사람들은 _____이 어둠을 물리치고 귀신을 쫓는다고 믿었어요.   •   • ③ 천마도

4. 혁거세의 몸이 다섯 조각으로 나뉘어 떨어진 것은 농사에서 _____을 뿌리는 방법을 보여 주고 있어요.   •   • ④ 씨앗

정답: 1-③ 2-① 3-② 4-④

⑤ 하늘에서
여섯 왕이 내려오다

김수로 신화

왜 하필 거북 노래를 불렀을까?

 김수로 신화에는 특이한 점이 많아. 먼저 거북 노래의 의미부터 짚고 넘어갈까? 등에 딱딱한 딱지가 있는 거북은 물에서나 땅에서나 자유롭게 살 수 있는 동물이야. 다른 동물에서는 보기 어려운 특별함이지. 그래서 옛날 사람들은 신성한 동물인 거북의 등딱지를 이용해 점을 치기도 했어.

김수로 신화에서 사람들이 거북 모양의 산봉우리에서 거북 노래를 부른 것은 거북의 신성한 힘을 빌려 훌륭한 왕이 나타나기를 바랐기 때문이야.

노래에 나오는 거북의 머리는 나라의 우두머리인 왕을 뜻해. 그런데 왕을 내놓지 않으면 구워 먹겠다고 협박까지 했으니, 가야 사람들이 얼마나 왕이 나타나기를 바랐는지 알 수 있지. 그래도 협박은 좀 그렇지만.

옛날 사람들은 추운 겨울이 지나고 따뜻한 봄이 오면 봄맞이 굿을 했어. 강남 갔던 제비가 돌아오고, 새싹이 돋아나는 것을 기뻐하며 즐기는 일종의 축제였지.

김수로 신화에서도 촌장들과 마을 사람들이 봄맞이 굿을 하며 왕을 맞이해. 땅을 파면서 노래를 부른 것이 바로 봄에 씨앗을 뿌리며 농사가 잘되기를 비는 봄맞이 굿을 의미하지.

허황옥은 진짜 인도 공주일까?

허황옥이 말한 아유타국은 오래전 실제로 있었다고 알려진 나라야. 신화에서처럼 허황옥이 아유타국에서 왔는지는 확실히 밝혀지지 않았지만, 허황옥이 인도에서 왔다는 증거는 여러 가지 유물로 남아 있단다.

경상남도 김해에 있는 파사 석탑은 허황옥이 가야로 올 때, 바다 신의 노여움을 잠재우기 위해 싣고 온 돌로 쌓은 탑이라고 해. 그런데 이 석탑에 쓰인 돌이 인도에서는 흔히 볼 수 있는 것이지만 우리나라에는 없는 돌이야.

또 한 가지, 김해 수로왕의 무덤 정문에는 두 마리의 물고기가 서로 마주 보는 그림이 있어. 가야 유물이나 유적  곳곳에서 볼 수 있는 그림이지. 그런데 이 물고기 그림과 똑같은 것을 인도 아요디아 지역의 사원이나 학교, 관공서 건물에서도 볼 수 있단다.

만약 허황옥이 왔다는 아유타국이 지금의 인도 아요디아에 있었다면, 허황옥은 진짜 인도의 공주였는지도 몰라.

알이 여섯 개, 뭐가 이리 많아?

김수로 신화에는 하늘에서 내려온 알이 여섯 개나 돼. 고구려의 주몽 신화나 신라의 박혁거세 신화에서 알이 하나였던 것과 다른 부분이지. 왜 김수로 신화에는 알이 이렇게 많이 나올까?

그건 가야가 여섯 개의 나라였기 때문이야. 가야는 낙동강 주변의 넓은 평야 지대에 흩어져 살던 여섯 부족이 모인 나라거든.

그래서 알이 여섯 개이고 알에서 나온 여섯 사람은 각각 금관가야, 아라가야, 고령가야, 대가야, 성산가야, 소가야의 왕이 되었어. 가야 연맹 여섯 나라의 위치는 옆의 그림처럼 생각되고 있어. 하지만 고령가야의 경우 현재의 경상남도 진주시 근처에 있었다고 주장하는 의견도 있지.

여섯 개의 알 중 가장 먼저 태어나서 빨리 자란 수로가 여섯 가야 중에 가장 힘이 센 **금관가야**의 왕이 되었지. 수로왕은 여섯 가야의 우두머리 역할을 하면서 나라를 발전시켰어.

가야는 부유한 나라였어. 칼이나 창을 만드는 재료인 철이 많이 나서 철을 캐내 일본 등 다른 나라에 팔아 큰돈을 벌었거든.

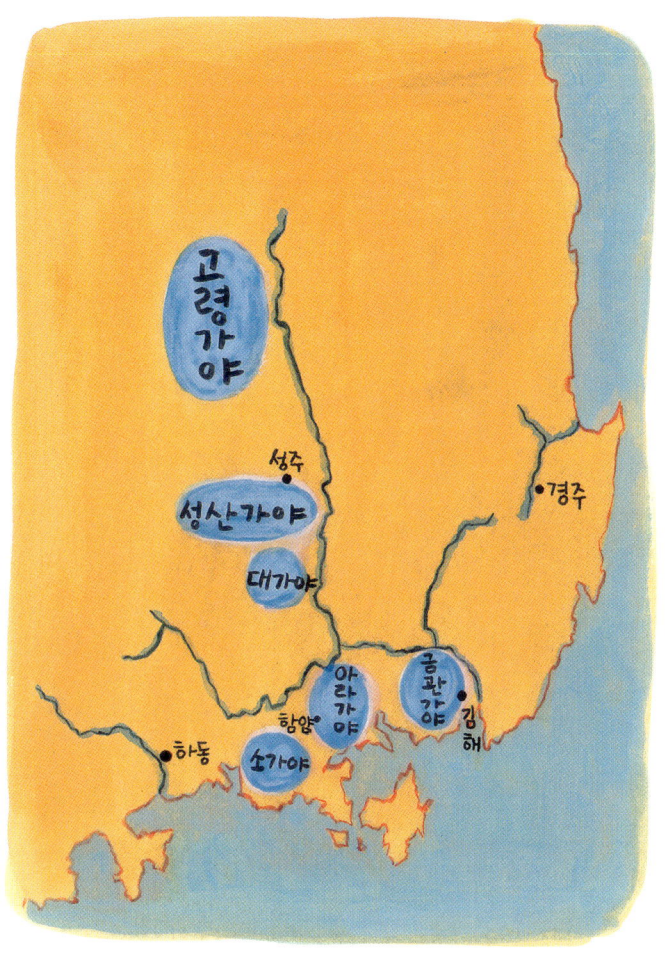

하지만 한 나라로 통일되지 못하고 여섯 가야로 나뉘어 있었기 때문에 어려움이 닥쳤을 때 똘똘 뭉치기가 어려웠어. 결국 가야는 신라의 침략을 이겨 내지 못하고 562년에 멸망하고 말았단다.

민족의 뿌리를 찾아가는 비밀 통로, 신화

세상이 생겨난 이야기인 창세 신화부터 인간이 어떻게 태어났는지를 알려 주는 탄생 신화, 그리고 여러 나라가 세워진 이야기인 건국 신화를 보니 어때? 재미있었니?

"나는 누나의 동생이고, 엄마 아빠의 아들이고, 할아버지 할머니의 손자이지?" 꼬마들은 가끔 이런 엉뚱한 질문을 해. 물어보나마나 당연한데도 말이야.

왜 이런 질문을 하는 걸까? 누구나 자신의 뿌리를 중요하게 생각하기 때문이야. 그게 바로 내가 태어나서 자란 바탕이니까.

우리나라가 어떤 사람에 의해, 어떻게 탄생되었는지 알려 주는 건국 신화가 중요한 것은 그래서야. 건국 신화는 우리 민족의 뿌리를 찾아가는 비밀 통로거든. 또 우리의 역사를 알 수 있는 길이기도 하고.

미륵 신화는 이 세상이 어떻게 만들어졌는지 알려 주는 신화야. 우리나라에서 가장 오래된 신화 중 하나지. 미륵님은 하늘과 땅이 붙어 있을 때 태어나서 하늘과 땅을 떼어 놓고, 하늘에

빌어 사람을 탄생시켰어. 또 사람들이 잘 살 수 있도록 해와 달의 수도 조절했어.

　단군 신화는 우리나라의 첫 번째 나라인 고조선이 어떻게 생겨났는지를 보여 줘. 하늘 신의 아들인 환웅이 바람과 비와 구름의 신을 데리고 태백산 신단수 아래로 내려와서 사람들을 다스렸지. 환웅은 동굴에서 쑥과 마늘만 먹고 사람이 된 웅녀와 결혼하여 단군을 낳았고, 단군은 우리 땅에 첫 나라를 세운 최초의 왕이 되었어.

주몽 신화는 고구려를 세운 주몽에 대한 이야기야. 하늘 신의 아들인 해모수와 유화가 사랑하여 알을 낳았는데, 그 알에서 주몽이 태어났지. 주몽은 태어난 지 한 달 만에 말을 탈 만큼 재주가 뛰어났어. 특히 활을 잘 쏘았지. 주몽은 부여 왕자들의 시샘 때문에 부여를 떠나 나라를 세웠어. 그 나라가 바로 고구려야.

박혁거세 신화의 혁거세는 흰말이 주고 간 알에서 태어났어. 혁거세의 부인이 될 알영은 계룡의 옆구리에서 태어났고. 혁거세는 열세 살 때 왕이 되어 신라를 세웠어.

김수로 신화는 어떨까? 아홉 마을의 촌장들이 산봉우리에 모여 있는데 하늘에서 거북 노래를 부르라는 소리가 들렸어. 시키는 대로 노래를 부르고 춤을 췄더니 상자가 하나 내려왔는데, 그 안에는 여섯 개의 알이 들어 있었지. 그리고 그 알에서 태어난 여섯 아이 중 가장 빨리 자란 수로가 금관가야를 세웠단다.

이렇게 우리나라의 건국 신화는 모두 하늘과 연결되어 있어. 하늘에 빌어 사람을 만들고, 하늘에서 내려온 알에서 위대한 인물이 태어나 나라를 세우지. 그래서 우리 민족을 하늘의 자손이라고 해.

지금도 해마다 개천절에 마니산 참성단 등지에서 제사를 지내는 것은 우리가 하늘의 자손이기 때문이야. 하늘의 자손이 하늘을 섬기는 거지.

그런데 말이야, 신화 속에 숨은 수수께끼를 풀다 보면 지금 우리랑 옛날 사람들이 별로 다르지 않다는 생각 안 드니? 그건 오랜 시간이 지나도 변하지 않고 전해지는 생각이 있기 때문일 거야. 그런 걸 바로 **민족정신**이라고 해. 그 민족만이 고유하게 가지는 생각이며 정신이지.

신화에는 그 민족의 정신뿐 아니라 당시 사람들의 생각이나 풍습도 녹아 있어. 그러니까 신화는 우리 민족의 역사와 문화를 들려줄 뿐 아니라 민족정신을 이어 주는 아주 소중한 유산이란다.

⭐ 알쏭달쏭 낱말 사전

개천절
매년 10월 3일, 기원전 2333년에 단군왕검이 고조선을 세운 것을 기념하는 국경일이에요.

굿
여러 사람이 모여 떠들썩하고 신명 나게 노는 구경거리예요. 무당이 음식을 차려 놓고 노래를 하고 춤을 추며 귀신에게 운이 좋은지 나쁜지, 복이 있는지 없는지를 점치는 일도 굿이라고 해요.

무당이 죽은 사람의 영혼을 깨끗이 씻어 주는 씻김굿을 하고 있어요.

참성단
단군왕검이 하늘에 제사를 지냈다는 곳으로 인천광역시 강화군 마니산 서쪽 봉우리에 있어요. 작은 돌을 둥글게 쌓은 아랫부분과 네모반듯하게 쌓은 윗부분으로 이루어져 있는데, 둥근 아래는 하늘을, 네모난 위는 땅을 상징한다고 해요.

전국 체전의 성화는 1955년부터 참성단에서 태양열을 이용해 얻고 있어요.

척
옛날에 쓰던 길이의 단위예요. 한 척은 약 30.3센티미터쯤 돼요.

⭐ 도전! 퀴즈 왕

아래 상자에서 김수로 신화와 관련된 단어 여섯 개를 찾아보세요. 단어는 가로, 세로, 대각선으로 숨어 있어요.

구	상	신	김	왕	아
지	촌	회	해	수	유
봉	허	황	옥	접	로
보	파	사	석	탑	타
금	관	가	야	국	북

정답: 구지봉, 김수로, 허황옥, 파사 석탑, 금관가야, 김해

글쓴이 유다정

『발명, 신화를 만나다』로 제9회 창비 좋은 어린이책 기획 부문 대상을 받았다. 어린이 논픽션 책을 쓰면서 재미와 지식을 함께 담으려고 노력하고 있다. 지은 책으로 『난 한글에 홀딱 반했어』, 『태양의 새 삼족오』, 『투발루에게 수영을 가르칠 걸 그랬에!』, 『고래를 삼킨 바다 쓰레기』, 『명품 가방 속으로 악어들이 사라졌어』 등이 있다.

그린이 민은정

이화 여자 대학교에서 동양화를 공부하고, 한국 일러스트레이션 학교를 졸업했다. 어린이들이 상상력을 무한히 펼칠 수 있는 책을 만들고자 한다. 그린 책으로 『우리 집 구석구석 숨은 과학을 찾아라』, 『생선 도둑을 잡아라!』, 『신화, 과학을 들어 올리다』, 『위대한 학교』 등이 있다.

2 우리나라 건국 신화

사회는 쉽다!

1판 1쇄 펴냄 2012년 8월 17일 1판 10쇄 펴냄 2021년 5월 27일
2판 1쇄 펴냄 2022년 4월 20일 2판 3쇄 펴냄 2023년 11월 22일
글 유다정 **그림** 민은정
펴낸이 박상희 **편집장** 전지선 **편집** 오혜환 **디자인** 정상철, 정다울
펴낸곳 (주)비룡소 출판등록 1994. 3. 17(제16-849호)
주소 06027 서울시 강남구 도산대로1길 62 강남출판문화센터 4층
전화 02)515-2000 **팩스** 02)515-2007 **홈페이지** www.bir.co.kr
제품명 어린이용 반양장 도서 **제조자명** (주)비룡소 **제조국명** 대한민국 **사용연령** 3세 이상

© 유다정, 민은정 2012. Printed in Seoul, Korea.

ISBN 978-89-491-2502-2 74300/ 978-89-491-2500-8(세트)

• 자료 제공_ 북한의 문화재와 문화 유적, 연합뉴스, Doopedia Photobox, Wikipedia